This Book belongs to:

____

Prayer List

Prayer	Answered

Prayer List

Prayer	Answered

Prayer List

Prayer	Answered

Prayer List

Prayer	Answered

Prayer List

Prayer	Answered

Prayer List

Prayer	Answered

Prayer List

Prayer	Answered

Prayer List

Prayer

Answered

Prayer List

Prayer	Answered

Prayer List

Prayer	Answered

Prayer List

Prayer	Answered

Prayer List

Prayer	Answered

Prayer List

Prayer	Answered

Prayer List

Prayer	Answered

Prayer List

Prayer	Answered

Prayer List

Prayer	Answered

Prayer List

Prayer | Answered

Prayer List

Prayer

Answered

Prayer List

Prayer	Answered

Prayer List

Prayer	Answered

Prayer List

Prayer	Answered

Prayer List

Prayer	Answered

Prayer List

Prayer	Answered

Prayer List

Prayer	Answered

Prayer List

Prayer	Answered

Prayer List

Prayer	Answered

Prayer List

Prayer	Answered

Prayer List

Prayer	Answered

Prayer List

Prayer	Answered

Prayer List

Prayer	Answered

Prayer List

Prayer	Answered

Prayer List

Prayer	Answered

Prayer List

Prayer	Answered

Prayer List

Prayer	Answered

Prayer List

Prayer	Answered

Prayer List

Prayer	Answered

Prayer List

Prayer	Answered

Prayer List

Prayer	Answered

Prayer List

Prayer	Answered

Prayer List

Prayer	Answered

Prayer List

Prayer	Answered

Prayer List

Prayer	Answered

Prayer List

Prayer	Answered

Prayer List

Prayer	Answered

Prayer List

Prayer	Answered

Prayer List

Prayer	Answered

Prayer List

Prayer | Answered

Prayer List

Prayer	Answered

Prayer List

Prayer	Answered

Prayer List

Prayer	Answered

Prayer List

Prayer	Answered

Prayer List

Prayer	Answered

Prayer List

Prayer	Answered

Prayer List

Prayer	Answered

Prayer List

Prayer	Answered

Prayer List

Prayer

Answered

Prayer List

Prayer	Answered

Prayer List

Prayer	Answered

Prayer List

Prayer	Answered

Prayer List

Prayer

Answered

Prayer List

Prayer	Answered

Prayer List

Prayer	Answered

Prayer List

Prayer | Answered

Prayer List

Prayer	Answered

Prayer List

Prayer	Answered

Prayer List

Prayer	Answered

Prayer List

Prayer	Answered

Prayer List

Prayer | Answered

Prayer List

Prayer	Answered

Prayer List

Prayer	Answered

Prayer List

Prayer	Answered

Prayer List

Prayer	Answered

Prayer List

Prayer	Answered

Prayer List

Prayer	Answered

Prayer List

Prayer	Answered

Prayer List

Prayer	Answered

Prayer List

Prayer	Answered

Prayer List

Prayer	Answered

Prayer List

Prayer	Answered

Prayer List

Prayer	Answered

Prayer List

Prayer	Answered

Prayer List

Prayer	Answered

Prayer List

Prayer	Answered

Prayer List

Prayer	Answered

Prayer List

Prayer	Answered

Prayer List

Prayer	Answered

Prayer List

Prayer	Answered

Prayer List

Prayer

Answered

Prayer List

Prayer	Answered

Prayer List

Prayer	Answered

Prayer List

Prayer	Answered

Prayer List

Prayer	Answered

Prayer List

Prayer	Answered

Prayer List

Prayer	Answered

Prayer List

Prayer	Answered

Prayer List

Prayer	Answered

Prayer List

Prayer	Answered

Prayer List

Prayer	*Answered*

Prayer List

Prayer	Answered

Prayer List

Prayer	Answered

Prayer List

Prayer	Answered

Prayer List

Prayer	Answered

Prayer List

Prayer	Answered

Prayer List

Prayer	Answered

Prayer List

Prayer	Answered

Prayer List

Prayer	Answered

Prayer List

Prayer	Answered

Prayer List

Prayer	Answered

Prayer List

Prayer	Answered

Prayer List

Prayer	Answered

Prayer List

Prayer	Answered

Prayer List

Prayer	Answered

Prayer List

Prayer	Answered

Prayer List

Prayer	Answered

Prayer List

Prayer	Answered

Prayer List

Prayer	Answered

Prayer List

Prayer | Answered

Prayer List

Prayer	Answered

Made in the USA
Monee, IL
04 November 2024

69310209R00070